Het zijn kleine “beet”jes!

Neem ze niet allemaal ineens

Want dan verslik je je!

JE LEEFT MAAR ÉÉN DAG VANDAAG

van dag tot dag met

Phil BOSMANS

lannoo

Omslagontwerp en grafische vormgeving Bert Pieters
Derde druk - 37ste duizendtal
Gezet, gedrukt en gebonden bij
Drukkerij-Uitgeverij Lannoo nv, Tielt - 1991

Printed in Belgium
D/1991/45/32 - ISBN 90 209 1850 8 (2de bijdruk) - NUGI 661

1 365 keer nieuw beginnen.
Niet moe worden om voor elkaar elke dag weer de zon op te halen.

2 We zitten in hetzelfde bootje.
Laat ons samen varen.
"We krijgen geen tweede ark van Noë"
zei Gorbi.

3 Tijd is geen snelweg
tussen de wieg en het graf,
maar ruimte om te parkeren
in de zon!

4 Wees als een licht
dat wandelt door de nacht
en op zijn weg
de gedoofde sterren weer aansteekt.

5

Denk eraan.
Je bent niet gemaakt voor de industrie,
voor de produktie, de bankrekening en
de superbazar.

6

Met geld kun je relaties kopen
maar geen vriendschap.
Met geld doe je alle deuren open,
maar open je nooit
de deur van het hart.

7

Oververzadigd van wetenschap en
techniek hebben we vandaag begrepen,
dat kennis en deskundigheid alleen
de mens niet wijs en bedreven maken
voor het leven.

8

Het geluk
wordt je verkocht aan de prijs
van het badschuim.

9 Ik hou van de vreugde
en zo komt de vreugde tot mij.

10 Computers hebben geen hart
en worden gevaarlijk
in handen van mensen
zonder hart.

11 De zucht naar bezit
maakt van de mens een bezetene.

12 Er is goed nieuws in het hart
en in de ogen van een kind.
In kinderen ligt een souvenir van het
verloren paradijs.

13 De diepste kern van de dingen
ontdek je met het hart.

14 Het geluk is niet als een mooie vlinder
waar je achteraan moet zitten.
Het geluk is als een schaduw,
die je volgt
als je er niet aan denkt.

15 Ik blijf geloven in het goede,
ook al worden zoveel mensen
door het kwade geteisterd.

16 Je hoeft geen super optimist te zijn
maar voor de zwartkijker
gaat de zon 's morgens onder.

17

We kunnen de woestijn
niet ineens veranderen
maar we kunnen beginnen
met een kleine oase.

18

Ik sta verstomd over de moed
waarmee arme mensen omgaan
met pijn en lijden.

19

Hoe zul je ooit gelukkig zijn
als je altijd alles
van een ander verwacht?

20

Er zijn mensen die licht doorgeven!
Er zijn mensen die alles verduisteren!

21 Het heimwee naar het verloren paradijs
is de mens in het hart geschreven.

22 Men kan God dood-zwijgen.
Men kan God ook dood-praten.

23 Bekleed je
met tederheid en zachtheid
voor mensen om je heen
en laat niemand in de kou staan.

24 Het is een ramp
als mensen geen hart hebben
maar alleen een portefeuille
of een vuist onder hun jas.

25

De tragiek van deze tijd
ligt in het feit
dat een fantastische menselijke macht
opereert te midden een geestelijke
leegte zonder voorgaande.

26

De uitvindingen van de laatste eeuw
zijn vooral uitvindingen van snelheid,
niet van wijsheid.

27

Ik geloof dat God het oerbeginsel is
van het goede.
In alles wat leeft heeft God
een spoor van zijn liefde achtergelaten.
In elk grasssprietje ontdek ik zijn
signatuur.

28

Het hart kan alleen maar leven
van goedheid en liefde.
Anders krimpt het.

29

In naam van de heiligste principes
worden mensen soms gewurgd.

30

90 % van al het leed in de wereld
doen de mensen zichzelf en elkaar aan.

31

Geluk kan je niet kopen!
Wat een geluk!

1 Voor elk stuk brood dat ik eet,
heeft iemand een graankorrel
in de aarde gelegd.

2 Als de lichten van de mensen uitgaan
en het lawaai van de wereld stilvalt,
komen de sterren
en hoor je weer de stilte.

3 Mensen hebben de warmte
van een grote liefde nodig
om mens te worden.

4 Hebzucht
laat je niet toe
met wat ook tevreden te zijn.

5 Het mooiste moment van je leven
kun je niet maken.
Het overkomt je.

6 Als je kijkt naar iemand
van wie je houdt,
zie je altijd meer
dan wat je ogen zien.

7 Alle geluk is kwetsbaar,
je draagt het in een luchtbel.

8 In de hulpverlening is het spijtig genoeg zo, dat velen, als de woorden gezegd en geschreven zijn, ermee stoppen, het dossier sluiten en wachten op een volgend slachtoffer.

9 Er is een geschiedenis
van stille goedheid en vriendschap,
geschreven door kleine gewone mensen.

10 Fouten zie je dik,
als de liefde dun is.

11 De woorden “dienst” en “dienen” zijn
uitgehold en verkracht. We leven in een
maatschappij waar de hulpverlening
een dure zaak is geworden.

12 Met karnaval een ander gezicht kiezen
en wegkruipen achter een masker, ok.
Maar verander niet van gezicht
zoals je van jas verandert.

13

Vasten!
Een therapie voor deze tijd!
Een soort dematerialiseringsproces
voor de mens.

14

Het leven is veel te kort
en onze wereld veel te klein
om er een slagveld van te maken.

15

Voor de t.v. in slaap vallen
is dikwijls
de beste appreciatie
van het programma.

16

Vasten.
Jezelf bevrijden uit dat knellende
keurslijf van geld verdienen,
kopen, verbruiken, meedoen,
de mode volgen.

17 Bloemen zijn om mooi te zijn,
mensen zijn om goed te zijn.

18 Het drama van het Westen ligt
in de ontsporing van het denken en
het voelen, in de bezoedeling van
de binnenkant van de mens.

19 Van alle fanatismen
is het godsdienstig fanatisme
het meest gevaarlijk
en het meest onkristelijk.

20 Ik wil niet groter zijn dan ik ben
om de mensen niet kleiner te zien
dan ze zijn.

21
Hemels is de aarde
voor hen, die elkaar de ruimte geven
om anders te zijn,
om zichzelf te zijn,
ruimte voor een eigen levensritme.

22
Wijsheid is voor het geluk
van mensen en volkeren
meer waard
dan wetenschap.

23
Als je tijd hebt
voor iemand,
kijk dan niet
op de klok!

24
Als het teeveevenster de beelden
van geweld en onderdrukking laat zien
en de gedode en verminkte lichamen
de kamer binnenbrengt schaam ik me
te behoren tot dat soort wezens, dat
zich "mens" noemt.

FEBRUARI

25 Je wordt zelf niet groter
door anderen te kleineren.
Het zijn "kleine" heren
die anderen kleineren.

26 Als de jonge vader zijn pasgeboren
kind in een kartonnen doos moet
leggen en de rijke vlakbij zijn
luxepaarden stalt in paleizen met
airconditioning en stromend water,
heb ik zin om te vloeken.

27 Bij de arme gaat de mens voor.
Bij de rijke gaan de dingen voor.

28 Als het licht
breekt in je hart,
wordt heel de wereld
donker.

1 Je kunt jezelf verbeteren
zonder op een betere wereld
te wachten.

2 Blijf geloven in het goede
dat sluimert op de bodem van je hart
en probeer elke dag
wat zon te rapen uit Gods hand.

3 Zoek de stilte.
Treed binnen in het mysterie,
waar ervaring tot kennis wordt
en het hart de antwoorden krijgt,
die het verstand niet vinden kan.

4 Omdat mensen blijven geloven in het
paradijs, wordt het paradijs hen te koop
aangeboden in verpakkingen van
klatergoud.

MAART

5 Gelukkige mensen maken
is de droom van gelukkige mensen.

6 Liefde!
Warmte geven
maar niemand verbranden.
Vuur zijn maar niemand verteren.

7 Minder consumeren, meer leven.
Minder verteren, meer genieten.
Minder slikken, meer proeven.
Met minder meer "mens" zijn.

8 Laat je niet gebruiken en misbruiken als consumptievee. Laat je niet vangen door de superlatieven van handige kooplui, die je verheerlijken tot je leeggeplunderd wordt achtergelaten langs de weg, waar alle bloemen zijn uitgebloeid.

MAART

9 De mooiste woorden
kunnen niet verhalen
wat een eerste krokus je vertellen kan
over de komende lente.

10 Het is fout
van de technokraten
te denken dat alles
wat technisch mogelijk is,
ook gerealiseerd moet worden.

11 In de loop van de eeuwen
hebben mensen de naam van God
zo vreselijk misbruikt,
dat velen
die naam niet meer horen willen.

12 De rijke landen hebben zich gedragen
alsof de rijkdom van de aarde hun
privé-eigendom was.

13 Wat baat rijkdom
als je toch arm moet sterven?

14 In een maatschappij, gebouwd
op de ondeugden van de mensen,
op egoïsme en hebzucht,
blijft de roep om aandacht en liefde
voor armen en zwakken eeuwig aktueel.

15 Het kruis dat je draagt
verlies je onderweg.
Het kruis dat je weigert
ligt je op al je wegen dwars.

16 Je hart kan een kleine hemel zijn
maar je kunt er ook de hel binnenhalen.

17

Onze beschaving
nog kristelijk noemen
klinkt als een vloek.
Ze heeft geen boodschap meer.
Er steekt geen droom meer in.

18

Het is de gehechtheid
aan de dingen
die de mensen pijn doet!

19

Je hebt een hart
en er is een mens
die je nodig heeft.

20

Onze roeping is “oase” te zijn.
Elke oase is een teken van hoop
aan de horizon.

21 Ik geloof in de goedheid van mensen
zoals ik geloof in de lente
als ik de katjes zie bloeien.

22 Mensen zijn vies geworden van mensen
tot in de moederschoot, zei een
mijnwerker.

23 Hebzucht leidt tot verslaving.
Verslaving doodt elk genieten.

24 De zon komt op in ieder goed mens
die over de wereld gaat.

25 In de economie van de liefde
moet je meer geven dan je bezit.
Je moet jezelf geven.

26 Zonde is in wezen
het verbreken van levensbanden.

27 Woede is een ongezonde emotie.
Er komt teveel adrenaline in je bloed.
Wees nooit met twee tegelijk kwaad!
Wacht jij tot morgen . . .

28 Je bent mijn broeder niet,
als ik in je gave
geen vriendschap vind.

MAART

29 Als je goed bent
is er veel kans
dat je vroeg of laat gekruisigd wordt.

30 We hebben allemaal begrip nodig,
bemoediging en vergiffenis.

31 Laat alles wat dood is in jezelf
verrijzen tot nieuw leven.

MAART

1

Het weer
houdt de weermannen
dikwijls voor de gek.

2

In elke vlinder
wacht het wonder
om bewonderd te worden.

3

Als ik een mens zie,
al is het een gebroken mens,
dan geloof ik in een wezen
dat groter is dan de mens.

4

Wonderen gebeuren bij dageraad!
Als mensen op een morgen
het hart van een medemens voelen
komen ze tot leven.

5 Een mens genezen
is hem
de verloren moed teruggeven.

6 Als je rustig kunt genieten
van kleine dingen,
woon je in een tuin
vol zaligheid.

7 Troost!
Een zacht gebaar dat je zegt:
je mag er zijn zoals je bent!

8 Humor en geduld
zijn de kamelen
waarmee ik
door alle woestijnen ga.

9

Ik kan niet geloven in het "niets",
in het "zijn" zonder zin,
in de absolute leegte.

10

Nieuw leven staat geschreven
in het blad van elke boom.

11

Leer leven met een geluk
dat uit zoveel delen bestaat
dat er altijd een deel tekort is.

12

Wat baat het de mens
heel de wereld te winnen,
als hij geestelijk doodgaat.

13 Laat je liefde en trouw
zichtbaar, tastbaar en voelbaar worden
in duizend kleine dingen,
elke dag opnieuw.

14 Een dwaze
kan met dwaze vragen
een wijze van de wijs brengen.

15 Langs de levensweg
wachten mensen op een beetje zon,
op een mens zoals jij.

16 Liefdeloosheid
is de armoe van deze tijd.
Huwelijken gaan kapot
en kinderen worden
moderne thuislozen.

17 Mensen zoeken hun leven lang
naar een thuis,
naar een hart en zachte handen,
een stille aanwezige die blijft,
ook als er geen woorden meer zijn.

18 De ontdekking van het geestelijk leven
opent voor de mens
wegen naar een ongekende
wondere wereld.

19 Je kunt alleen zijn
zonder eenzaam te zijn.

20 Het kruis is een realiteit
in ieder mensenleven,
maar steeds minder mensen
zijn er tegen opgewassen.

21 Handenarbeid is een eenvoudig,
natuurlijk en efficiënt middel om
mensen geestelijk te genezen.

22 Over dingen die gratis zijn
mag je alleen met liefde beschikken.

23 Als het kind sterft in de mens,
sterft de mens
en sterven alle dromen!
De wereld wordt een woestijn.

24 Hoe meer een mens
zijn behoeften bevredigt,
hoe behoeftiger hij wordt
en hoe vlugger hij alles beu is.

25 Kijk in de ogen van een kind
en je ziet God.

26 Wie roddelt en kwaadspreekt
zegt meer over zichzelf
dan over zijn slachtoffer.

27 Eén gram liefde in huis is meer waard
dan alle luxe-artikelen.

28 Heel de natuur spreekt een taal,
maar wie wil nog luisteren
en wie heeft nog ogen en oren
en een hart om die taal te verstaan.

29 Wetenschap en techniek
tilden het Westen
hoog uit boven de wereld,
grepen naar de sterren,
maar zijn niet in staat gebleken
mensen gelukkig te maken op aarde.

30 Het gezin begint in de liefde
van twee mensen,
die een nieuwe mens geroepen hebben
en laten geboren worden
in de warme geborgenheid
van een veilige thuis.

1 Alleen de optimisten zullen overleven.
De pessimisten zijn al dood.

2 Leven
is dankbaar zijn
voor de warmte en de tederheid
in mensen en dingen
zo maar gegeven.

3 Bloemen geef je niet met je handen
maar met je hart.

4 Midden kleurrijke laserstralen en bloemen van nylon en plastic wordt de mens gevoerd van burotica tot telematica, over micro-elektronica en bio-technologie naar robotica en agro-industrie. Waar gaat de technologie met de mens naartoe?

M E I

5

Leer de namen van de bloemen,
van de planten en de bomen,
de namen van de vissen en de vogels
en de naam van God.

6

Waar één bloem weer bloeien kan,
zullen op een dag
duizend bloemen staan.

7

De essentiële dingen van het leven zijn gratis. De zon en de vriendschap, het licht van de lente, het lachen van een kind, het lied van een vogel, het kabbelen van de beek, het sap in de bomen, het leven en sterven, het menszijn op aarde.

8

Als iemand echt van je houdt
mag het huis invallen,
dan heb je nog altijd een "thuis".

M E I

9 Geluk komt niet via de bankrekening.
Geluk wordt niet geboren
in een laboratorium.
Geluk is nooit het resultaat
van een druk op de knop.

10 Als ze de stoet van de doemdenkers
kruisen, krijgen optimisten plots
andere namen.
Dan zijn het naïevelingen,
dagdromers, utopisten.

11 In de 21e eeuw wordt je een robot
aangeboden om je "goede morgen"
te zeggen en een kus te geven
als je partner het niet meer doet.

12 In het diepste wezen van een kind
hebben twee unieke mensen hun eigen
leven neergeschreven,
onuitwisbaar en voor altijd.

13 Rij niet sneller dan je engelbewaarder.
Je engelbewaarder neemt het stuur niet over, wanneer je rijdt als een duivel!

14 Wees verstandig.
Gebruik je hart.
Goedheid en verstand –
goede verstandhouding.

15 Wie met een boom kan praten
hoeft niet naar de psychiater,
al denken de meeste mensen
het tegenovergestelde.

16 Als het werk dat je doet
je alleen maar geld opbrengt
en geen levensvreugde,
ben je een doodarme mens.

17 Als je samen
omhoog kijkt,
komt de hemel dichterbij.

18 Als je me zegt: "Kon ik dat maar . . .",
zal ik je antwoorden:
"Je bent al op weg".

19 Als je diep genoeg doordringt
tot de kern van de dingen
krijg je ogen
om onzichtbare dingen te zien
en oren om onhoorbare dingen
te horen.

20 Cultuur
is in wezen verzorging en verfijning
van het geestes- en gevoelsleven
en daardoor verfijning
van de menselijke verhoudingen.

21 Kijk naar de leeuwerik.
Hij zingt omdat hij
geen huishuur moet betalen.

22 De rol van de vrouw
zal beslissend zijn
om deze voor zwakken en armen
onherbergzame wereld
te herscheppen
tot een leefbare ruimte voor allen.

23 Het geluk van een kind
begint in het hart van de moeder.

24 Wat missen de mensen, dat ze zo
massaal naar verdoving en drugs grijpen?
Hun vlucht in alkohol, drugs en
keiharde muziek is dikwijls een
schreeuw naar "zin", naar zinnige
antwoorden op de levensvragen.

25 De grootschaligheid in alle sectoren
is de dood van alles
wat klein en kwetsbaar is.

26 De mens is een wandelend wonder,
enig, uniek en onvervangbaar.

27 God is niet de goede mens,
maar in elke goede mens
komt Hij naar ons toe.

28 Zoals een bloem de zon nodig heeft
om bloem te worden,
zo heeft een mens de liefde nodig
om mens te worden.

29 Ik hou van de psychiater
die een goed mens is,
omdat een goed mens
al een goede psychiater is.

30 Wandelen in de vrije natuur.
Eten als je honger hebt.
Slapen als je moe bent.
Fietsen en tuinieren
en praten met de bomen.
Dat is fantastisch en volkomen gratis.

31 De schepping,
door de mens zo zwaar geteisterd,
heeft heimwee naar de Schepper.

1 Mensen zoeken langs de levensweg
"praatpalen" waar ze hun miserie
aan kwijt kunnen.

2 Ik zei eens tegen een boom:
"Je bent een prachtboom".
Toen keek hij naar zijn wortels.

3 De wonderen
van heel de wereld
vind je terug
in je eigen tuin!

4 De eerste vuistslag
die men iemand toebrengt,
is dikwijls maar een woord!

J U N I

5 Dwazen zijn het,
de mensen die tijd hebben voor
dingen die geen geld opbrengen.
Als er geen "dwazen" meer zijn
is de wereld om zeep.

6 Het meest verwaarloosde,
het meest onderontwikkelde gebied
in de stad van de mens,
is het menselijk hart.

7 Ik kan niet geloven,
dat het leven een vloek is,
die de eeuwen door
miljoenen mensen teistert.

8 Een engel is iemand,
die God in je leven stuurt zomaar,
onverwacht en onverdiend,
om als het heel donker wordt
een paar sterren aan te steken.

J U N I

9 Muziek eindigt waar lawaai begint.
Lawaai is de muziek van de leegte.

10 Aan de basis van
onze leef- en denkwijze
ligt een vervuld-zijn
van de materie.

11 Zalig zijn zij,
die van de auto wat meer
naar de fiets gaan, van de supermarkten
wat meer naar de winkel in de straat.
Zij zullen weer mensen ontmoeten.

12 Met een gewone, goede vader
lossen veel problemen, waar nu
psychiaters mee bezig zijn,
zich vanzelf op.

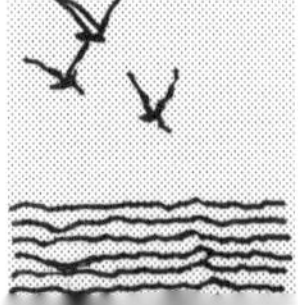

13 De grootste leugen van de 20e eeuw is,
dat men de mensen heeft wijsgemaakt
dat er een uitwendig recept bestaat
om gelukkig te zijn.

14 Mens zijn!
Een goed mens zijn,
is het enig belangrijke in deze wereld.

15 Zoek het geluk
en je zult het nooit vinden.
Geluk is als een echo
die antwoordt op de gave van jezelf.

16 Gelovigen en niet-gelovigen
moeten veel begrip hebben voor elkaar.

17 Je komt nooit in de hemel
als de hemel niet in je hart komt.

18 Liefde is "mensen" beminnen,
niet de systemen, de partijen,
de structuren.

19 Lieve natuur, blijf ons nabij.
Gij zijt het paradijs
waarin we met de bloemen
en de vogels juichen om het leven.

20 Onze beschaving sterft
in een vooruitgang,
die mensen programmeert
en onvrij maakt
van de wieg tot het graf.

21

In ons economisch systeem
is de waarde "mens"
gedevalueerd beneden
alle geldwaarden.
Wat telt is
produktiviteit, rendement, winst.

22

Als er geen vaders meer zijn
die echt "vader" willen zijn
zullen er morgen
geen broers en zussen meer zijn.

23

Elke generatie heeft recht
op een eigen leefwereld
naar eigen inzicht en eigen stijl.
Daarom moeten jonge mensen
meer kansen krijgen.

24

Zoek hem niet te ver.
Je medemens die je helpen kunt
woont niet voorbij de horizonten.
Je medemens is hier.

J U N I

25 Als een vis
in zijn eigen wereld
op ontdekking gaat
is het laatste wat hij ontdekt:
water.

26 Geloof is voor velen een traditiestuk
van generatie op generatie overgeërfd
zoals een antieke klok.
Ze roept herinneringen op
maar ze tikt niet meer.

27 De ontmenselijking van onze moderne woon- en werkomstandigheden bevorderen het afstotingsproces tussen mensen en de ontbinding van de natuurlijke leefgemeenschappen.

28 Je kunt niet leven
zonder iemand die van je houdt,
die je de moeite waard vindt.

29 Wanneer men
over besparingen spreekt,
waarom denken regeerders dan nooit
aan hun eigen inkomen.

30 Als je niet in de gaten hebt
dat het donker is,
zul je het "licht" niet zoeken.

1

Vakantie kan een plezierige tijd zijn.
Het hangt van jezelf af.
Vakantie is een feest
en hoeft niet duur te zijn.

2

Laat de kniezers maar kniezen.
Laat de zwartkijkers maar zwartkijken.
Laat ons een beetje gelukkig zijn,
op de meest eenvoudige wijze
een beetje gelukkig zijn.

3

Er zijn mensen
die hun zorgen altijd en overal meedragen.
Wat ze ook zien,
ze zien alleen maar zorgen.
Wat ze ook horen,
ze horen alleen maar zorgen.

4

Alleen een gelukkig mens
kan anderen gelukkig maken.

5 Humor is een goede schokbreker,
als je botst in het leven.

6 Als je de goede dagen in je leven
intens en bewust beleeft en geniet,
is er veel kans
dat je sterker staat
in kwade dagen.

7 Zalig
de mensen die, wijs geworden,
anders gaan leven.
Zij komen met minder
als mens veel verder.

8 Mensen zijn in staat
van een natuurparadijs
een puinhoop te maken.

9 Kleine vreugden
zijn groot genoeg voor
gewone mensen. Zij genieten!

10 Anders gaan leven.
Stil genieten
van de wonderen om je heen
en goedkoop gelukkig zijn.

11 In je eigen tuin onder een pereboom
liggen, de dakgoot schilderen, met
de kinderen ravotten en dingen doen,
die je een heel jaar hebt uitgesteld.
Ook dat kan vakantie zijn.

12 Wees met je wagen geen waaghals!
Steek je geweten in je tank!

13 Wie de zon heeft,
kan veel missen.

14 Mijn armen zijn juist lang genoeg
om een ander te omhelzen.

15 Je kunt niet gemist worden.
Anderen hebben je nodig.

16 Lachen is gezond.
Denk je wel genoeg
aan dit facet van je gezondheid?

17 Echte vrienden
leggen nooit beslag op elkaar.
Dat is dodelijk voor de vriendschap.

18 Kilometers ontspannen niet.
Vakantie is bewust en ontspannen
leven in vrede en vriendschap
met de mensen, in harmonie met
heel de natuur.

19 Abortus!
Wie weet wat abortus is?
Abortus is sterven in de moederschoot.
Levenscel wordt dodencel. De plaats van
het leven wordt de plaats van de dood.
Voor het kind wordt de moeder het graf.

20 Sex zonder hoofd en zonder hart
werkt verwoestend.
Sexmaniakken zijn gefrustreerd
in de liefde.

21 Vakantie.
Duizenden wagens op duizenden
wegen als slakkenhuisjes achter elkaar,
kruipend naar de verte, vermoeien de
mensen en vervuilen de lucht.

22 Het gezinsleven
is op zoveel plaatsen gestrand
op moderne,
volkomen zinloze leefvormen
dat velen hun thuis verloren hebben.

23 Bloemen
leven nooit lang,
maar ze gebruiken al hun tijd
om mooi te zijn.

24 We hebben niet alleen water,
lucht en bodem bezoedeld,
maar ook het woord,
het menselijk contact.

25 Wie in de woestijn
de moed verliest komt niet meer vooruit
en sterft ter plaatse.

26 Steek een grasspriet tussen je tanden
en geniet 'ns
van een zalig niets-doen.

27 Waar mensen
in liefde weer mens worden
voor elkaar,
groeit de hemel over de aarde.

28 Bloemen bloeien,
ook als er niemand naar kijkt.

29 De onzichtbare werkelijkheid
is veel boeiender dan de zichtbare.
Je kunt haar met je verstand
niet waarnemen.
Daarvoor staan de ogen van het hart.

30 Hemels is de aarde
voor hen, die de onderlinge liefde
dagelijks vieren en niet
moe worden voor elkaar
een bed van bloemen te spreiden.

31 Waar geest en hart worden verdrongen
blijft alleen een lichaam over,
een mooie dikke huid misschien,
maar daarachter geen mens meer,
een lijk.

1

Ik zeg elke dag tegen God:
"Je bent wonderbaar".
Hoe meer ik dit zeg,
hoe meer wonderen Hij me laat zien.

2

We hebben mooie verhalen
over onze vooruitgang.
Men spreekt over de "kwaliteit"
van het leven en men heeft
het over "gin" en "coca-cola".

3

Kijk naar de hemel en wees blij
omdat de zon gratis voor je schijnt.

4

Er zijn fantastische mensen
in alle partijen.
Spijtig, dat ze zo weinig
goed mogen zeggen van elkaar.

AUGUSTUS

5 Een liefdevolle aanraking
doet soms meer
dan een heleboel
mooie woorden.

6 Het Marxistisch materialisme
in het Oosten heeft massa's mensen
ongelukkig gemaakt. Het kapitalistisch
materialisme in het Westen is er niet in
geslaagd mensen gelukkig te maken.

7 De mooiste lianen
kunnen de sterkste boom wurgen
door hem jarenlang
teder te omhelzen.

8 Kom tot leven! Leef!
Dans als de zon schijnt
en fluit in de regen!

9

Time is money!
Deze slogan heeft de mensen
geteisterd met hartinfarcten.

10

De mensen, de dieren, de bomen
ademen dezelfde lucht en leven van
de vruchten van eenzelfde aarde.
Elke aanslag op de natuur
is een aanslag op de mens.

11

Verzoening
is de enige sleutel
waarmee lang gesloten deuren
opengaan.

12

Een keten
is zo sterk als haar zwakste schakel.
Waar zwakke mensen,
die zich niet kunnen verdedigen
meetellen, telt iedereen mee.

13 Geboren worden en sterven
liggen nu in de greep
van een technologie,
die geen weet heeft
van het menselijk mysterie.

14 Zonniger leven! Vrolijker leven!
Wanneer horen we mensen
weer zingen in de straten?

15 Vier moeder niet één dag,
maar alle dagen in je leven.

16 Ik sta altijd verstomd
dat er vogels zijn
die in een kooi gevangen
toch nog zingen kunnen.

17 De leefwereld van het kind
wordt door de leefwijze
van de volwassenen
steeds meer bedreigd.

18 Piekeren is de eigen zorgen koesteren,
ze dagelijks ophalen en oppoetsen
en ze vooral niet minimaliseren.

19 Ik wens je de moed van de morgenzon
die elke dag weer opgaat,
ook als de mensen lelijk kijken.

20 God is de diepere samenhang
van alles wat leeft en adem heeft.
Als God weg is, valt alles uit elkaar en begint het loskomen van natuurlijke levensbanden, het desintegratieproces tot in de kern van de samenleving, huwelijk en gezin.

AUGUSTUS

21

Mensen kunnen dromen hebben
en ervaringen
waarvoor geen woorden bestaan.

22

Niemand is zo goed
als in zijn beste momenten,
maar ook niemand zo slecht
als in zijn slechtste momenten.

23

Wegen van vrede
lopen niet
door straten van geweld.

24

Als je jarenlang getrouwd bent
kunnen dromen pijn doen,
als er een breuk ontstaat
en door de scheuren
de nacht binnenkomt.

25 Kristenen zijn geroepen
de liefste mensen
van de wereld te zijn.

26 Kom tot rust.
Kom tot de stilte.
Daar wonen de kleine diepe vreugden
die mensen in drukte en lawaai
verloren hebben.

27 Duisternis
kun je niet met duisternis verdrijven.
Alleen het licht kan dat.
Haat kun je met haat niet genezen.
Alleen de liefde kan dat.

28 Leef met de ogen
en het hart van een kind,
dat jubelt om een kleine vis in het water,
dat vraagt wie de sterren heeft
aangestoken en dat van je houdt,
omdat je fluiten kunt.

29 Nooit las iemand je naam in de krant.
Nooit liet iemand je voorgaan in
een lange rij.
Kleine mens, voor mij ben je groot!

30 Er is een liefde ingebouwd
in heel de natuur.
Je moet er alleen maar
ogen voor hebben.

31 Troost is als een zacht gelaat
vlakbij van iemand die je tranen begrijpt,
die luistert naar je gemarteld hart,
die bij je blijft in je angst
en je vertwijfeling
en die je een paar sterren laat zien.

1 Leren "leven"
is de hoogste wetenschap. Scholen en
universiteiten moeten gericht zijn
op de vorming van heel de menselijke
persoon, vooral op de kultuur van
het hart.

2 Opvoeden
is jonge mensen ogen geven
voor het wonder, voor het groot mysterie
van alles, wat leeft en adem heeft.

3 Aandacht voor kleinen en zwakken.
De eerste stap naar kennis en liefde.
Scholen zonder hart
hebben geen verstand.

4 Andersdenkenden
denken ook.
Linkse mensen – rechtse mensen.
Allemaal mensen.

5 Lawaai
is een van de ergste milieuproblemen.
Lawaai is asociaal.
Lawaai tiranniseert en terroriseert.

6 In deze wereld zal niets veranderen,
als de binnenkant van de mens
niet verandert.

7 Laat je auto eens staan en geniet van een gezellig samenzijn thuis. Zet dat laatste halfuur tussen dag en nacht je teevee af, om wat te praten en even vertrouwelijk bij elkaar te zijn.

8 Heerlijk is die appel
waar een appelboom
een heel seizoen aan gewerkt heeft.

SEPTEMBER

9 Je bent als mens een verliezer.
Je zou een gelukkig moment willen doen voortduren, een mooie dag nooit zien eindigen, maar je verliest, je moet afgeven, elke avond een dag achterlaten.

10 De mens is meer dan een stukje materie, meer dan een toevallige struktuur van atomen en moleculen. Een mens is geest, zijn lichaam is een bezield lichaam. We hebben nood aan een geestelijke aardbeving.

11 Wie alles kan loslaten,
lijdt onder het verlies van niets.

12 Het kunnen vergeten
is dikwijls voor een mensenhart
belangrijker
dan een goed geheugen.

13 Alles hangt samen,
van abortus tot euthanasie,
met het uitstoten van mensen.

14 Als voor je ideologie
of voor je maatschappij
één enkel kind moet sterven,
vervloek ik je ideologie
en walg ik van je maatschappij.

15 In liefdeloosheid en ontrouw
worden mensen massaal
slachtoffer van elkaar.

16 Als je rond de pot draait
heb je wellicht iets in de pot,
dat je voor anderen verbergen wil.

17 Als je van mensen vijanden maakt
kun je er niet meer mee praten,
kun je er niet meer mee leven,
kun je er alleen nog mee vechten.

18 Van je kwaad worden,
van je slecht humeur
hou je alleen maar ruzie over.

19 Elke definitie
en iedere begripsbepaling van God
is duister en onverstaanbaar
tot je God ervaren hebt.

20 Vraag aan de sterren
waarom het nacht is.
Als je lang genoeg luistert,
krijg je misschien een antwoord.

21 De zon gaat je nooit voorbij,
tenzij je zelf in de schaduw kruipt.

22 "Geen nieuws! Goed nieuws!"
zeggen de mensen.
"Goed nieuws! Geen nieuws!"
zeggen de media.

23 Nieuws van vandaag
is overmorgen stokoud.

24 Waarom gaat men leven zoeken
op verre planeten
als miljoenen mensen
op aarde nog geen leven hebben?

25 De eerste de beste aap
kan minister of president worden
als hij pers, radio en televisie
achter zich heeft.

26 Maak jezelf ongrijpbaar voor de verlokkingen, die je meevoeren naar de schittering van een paradijs, dat als een zeepbel uit elkaar spat als je er eenmaal bent binnengetreden.

27 Echte liefde
maakt nooit stukken!

28 Om geloofwaardig te zijn
moet je de daad bij het woord voegen.

29 Wanneer het denken
wordt losgekoppeld van het hart
gaat het altijd in dienst
van het geld en de macht.

30 Waar op aarde
is het leven nog veilig,
als het niet meer veilig is
in de moederschoot.

SEPTEMBER

1 Water is leven.
Liefde is levend water,
om alle woestijnen
vruchtbaar te maken.

2 Op de hoogste top
van de consumptie
sterf je als mens.

3 Een thuis op aarde
is een fundamenteel menselijk recht
van in de moederschoot.

4 Slaap nog eens wat
en dan liefst 's nachts.

OKTOBER

5

Zalig zijn zij,
die uit hun mond alle bittere woorden
hebben weggenomen
en die met een beetje humor
van doornen rozen kunnen maken.

6

Het gevaar dat ons bedreigt is de mens,
de super-mens,
de denkende robot van de 21e eeuw.

7

We lijden aan een abnormale
"verdikking" van het "ik".

8

Waar een kind niet meer welkom is,
waar een kind niet spelen kan,
gaan grote mensen
van eenzaamheid dood.

9 Zij, die niets te zeggen hebben,
doen dikwijls de meeste moeite
om hun leegte te demonstreren
in de media.

10 Bij geweld
wint niet degene die gelijk heeft,
maar altijd de sterkste.

11 Ruggegraat heb je nodig
om rechtop en rechtdoor te gaan,
je eigen vrij gekozen weg.

12 Een land is goed geregeerd
als het er goed is
voor armen en zwakken.

13 Je kunt het kwade
niet met goed vergelden
als je een wapen in de vuist houdt.

14 Een thuis
vind je niet in een collectiviteit
waar menselijke contacten functioneel
en onpersoonlijk zijn. Een thuis vind je
alleen in een wezen
waarin een hart voor je klopt.

15 Moderne bestsellers
zijn veelal produkten van publiciteit.
Ze worden gemaakt niet door auteurs,
maar door zakenlui.

16 Met mensen mag je alleen maar
omgaan als je van hen houdt.

17 Geweld
is het slechtste antwoord
op de diepmenselijke problemen
van deze tijd.

18 Het geluk
bestaat niet in wat je bezit
maar wel in wat je geniet.

19 Het beeld van huwelijk en gezin,
dat dagelijks langs film en video de huiskamer binnenkomt is dikwijls een beeld van mislukking en verscheurdheid.

20 Het eerste wapen bij elk conflict
is een woord,
waarmee men elkaar
in het hart steekt.

21 De kultuur van het hart
is de basiskultuur van de mens.
Wie deze kultuur mist,
mist elke kultuur.

22 De consumptiemaatschappij
is geboren uit het geloof
in het grote dogma van de reklame,
dat met geld alles te koop is.

23 Als ik gebroken ben,
doodmoe en moederziel alleen,
als ik de nacht ben ingegaan,
de nacht waarin geen sterren staan,
zoek dan geen grote woorden,
een klein gebaar volstaat.

24 Wie geen geborgenheid vindt,
geen thuis,
is een geschonden mens,
iemand die zich niet goed voelt
in zijn eigen vel.

25 Mensen zitten vervaagd
achter glas en beton,
alleen en eenzaam,
in een eigen stulp
met een eigen atmosfeer.

26 Als je de slaap zijn uren niet gunt
zal hij tenslotte helemaal wegblijven.
Dan moet je pillen kopen
voor wat de slaap je gratis gaf.

27 Als je over niets meer verwonderd bent
maak je nooit een wonder mee.

28 Gelukkige mensen zijn nooit
gevaarlijke mensen!

29 Er moet een nieuwe generatie
"engelen" komen om voor mensen op
aarde een steun en een troost te zijn.

30 Als alles pijn doet en alles donker wordt
zal God een ster voor je aansteken
om je door alle nachten heen te leiden.

31 Elk gezond humanisme
heeft alles te maken
met wederzijdse waardering
en verdraagzaamheid.

1

Zoek de heiligen niet
aan de top bij de elite
maar tussen de gewone mensen.

2

De dood:
een grens, zo dichtbij,
en toch geen mens die er overheen
kan kijken!

3

Oud geworden
tel je de jaren niet meer,
maar ga je de dagen tellen
en die tel je dan dubbel.

4

Zo sterk geloven in het leven
dat zelfs de dood
je van het leven niet scheiden kan.

NOVEMBER

5 De algemene versuffing. De massifikatie. De hersenspoeling van de grote massa door anomieme grootmachten. Alles wordt geslikt. Het reaktievermogen van de mens vermindert. Zijn weerbaarheid gaat verloren.

6 Er komen in een huwelijk zoveel verrassende momenten, zoveel moeilijkheden, zoveel onvoorziene omstandigheden, dat als je een scheiding voor mogelijk acht, je er steeds een reden voor zult vinden.

7 We evolueren naar een maatschappij waar tenslotte de ene helft van de mensen moet overgeleverd worden aan de andere helft om verzorgd te worden.

8 Teveel kristenen zien eruit alsof het kristendom mislukt is en zijzelf erdoor bedrogen.

9

Om God nabij te komen,
om in God binnen te treden
moet je bereid zijn alles los te laten.

10

Het probleem van armoe en honger,
van onderontwikkeling in de wereld
is onoplosbaar, niet door gebrek
aan middelen, maar door gebrek aan
menselijke solidariteit.

11

Vriendschap
geeft je hart
vleugels in de
avond van het leven.

12

Het is voor heel mijn wezen
onaanvaardbaar dat mensen worden
gemarteld met als enig vooruitzicht
de eeuwige dood. Er moet ergens een
thuis zijn voor mensen die op aarde
nooit een thuis gevonden hebben.

13 We gaan tenonder
aan een kollektieve
georganiseerde hebzucht
die in geen enkele verhouding meer
staat met onze normale
menselijke behoeften.

14 Zeg eens iets goeds van me,
vóór dat ik dood ben.

15 "Bemint elkander! Houdt van elkaar!
Hebt elkander lief!". Het in praktijk
brengen van dit gebod op wereldschaal
zou de grootste revolutie
aller tijden inluiden.

16 De oceanen zijn niet diep genoeg om
het vuil van de mensen te slikken.
De pollutie reikt tot de sterren.
De aarde, een stervende planeet,
de vuilnisbak op de drempel van
het heelal.

NOVEMBER

17 Je krijgt je leven aangereikt
in schijfjes van 24 uur.

18 Vader en moeder moet je danken.
Niet afdanken.

19 Sluit Europa niet op
in steriele praatzalen.
Lever Europa niet uit
aan dure bureaucraten.

20 Het rechtmatig aandeel
van de armen in de welvaart
wordt niet verhinderd door
een te geringe ekonomische groei
maar door de georganiseerde
eisenkampagnes van burgers,
die steeds meer verlangen.

21

Waar mensen in liefde leven
met en voor elkaar,
is ook het armste huis
een warme thuis.

22

De dood is de eeuwige spelbreker.
De angst voor de dood grenst rakelings
aan de vreugde om het leven.

23

Wees beminnelijk
zodat het voor de ander
geen heksentoer wordt
om van je te houden.

24

Zeg het voort
met duizend kleine attenties,
elke dag opnieuw:
"Menslief, ik hou van je!".

25 Genieten is een zegen!
Genotzucht een slavernij.

26 Mensen duiken onder in een wereld van verdoving. De diepere "zin" vragen worden niet meer gesteld.
Mensen zijn overgeleverd aan de dagelijkse show van de leegte.

27 Brood dat je deelt smaakt beter.

28 De rechten van het kind.
Een unieke uitdaging aan het adres van een keiharde en doodvermoeide maatschappij. Juichen om een kind is juichen om het leven.

29 Gewone mensen
zijn dikwijls wondere mensen.
Ze verzoenen je met het leven
en maken de wereld bewoonbaar.

30 Zorgen plakken aan je vast.
Ze grijpen je naar de keel.
Je krijgt een droge mond.
Ze leggen een loodzwaar gewicht op je hart.
In kwade dagen moet je geduld hebben,
veel geduld, ook met jezelf.

1 Wie de wereld wil verwarmen
moet een groot vuur in zich dragen.

2 Profiteren van andermans nood
is de laagste vorm van uitbuiting.

3 De wijzers van de klok:
ze vliegen voor wie lacht,
ze kruïpen voor wie wacht.

4 God wacht op mensen
om zijn liefde zichtbaar
en voelbaar te maken op aarde.

5 Mensen liggen massaal plat
voor de lichtbak, het sleutelgat,
waarlangs je
naar de wereld kijken kunt
en je eigen wereld kunt vergeten.

6 Liever een thuis
dan een pracht van een huis.

7 Het kleinste bloempje,
met een warm hart gegeven,
vertelt een mooi verhaal.

8 Echte liefde bezit je pas,
als het lijden van anderen je pijn doet.

9 Leven is mensen en dingen omhelzen
en weer loslaten, niets en niemand
bezitten en juichen om elke ster,
die uit de hemel valt.

10 In elke arme, verdrukte en gemartelde mens, waar ook ter wereld, zijn de rechten van de mens geschonden, zijn alle diktatoriale regimes vervloekt en wordt de machteloosheid van alle wereldorganizaties aangeklaagd.

11 Hou van de mensen zoals ze zijn:
er zijn geen andere!

12 Laat je genezen van overdaad,
laat je uitzuiveren,
om lichamelijk
weer in conditie te komen
en geestelijk gezond te worden.

13 De laatste vreugden van het leven
zijn stiller maar ook voller en dieper.

14 De mooiste gave is vergiffenis.
Als je niet wil vergeven
staat er onmiddellijk een muur.
En een muur is het begin
van een gevangenis.

15 Het schijnt een ekonomische wetmatigheid te zijn dat de sterken de zwakkeren plunderen om ze dan af te zetten voor de deur van het OCMW of andere sociale diensten.

16 De armen zullen het de rijken moeilijk kunnen vergeven dat ze hen laten honger lijden terwijl ze zichzelf bezig houden met vermageringsdiëten.

17 Gelukkig de mensen
die ver voorbij het lichaam,
bevrijd van angsten en begeerten, aan de uiterste kusten van het leven, elkaar de vreugdevolle geborgenheid bieden van een stille, diepe en trouwe liefde.

18 Hang je leven aan een ster,
dan kan zelfs de nacht je niet deren.

19 Niet met geweld verander je de wereld
maar met een beetje meer hart

20 Laat ons "mensen" zijn, doodgewone, mensen. Geen robots. Geen knopkensduwers. Maar mensen met een nieuw bewustzijn voor de waarden, die ons door een alles opslorpende konsumptiemaatschappij ontnomen werden.

21 Het geweld van de armen
is als het geweld van een grassprietje,
dat door een dikke laag asfalt breekt
om licht en adem te vinden
en te kunnen leven.

22 We hebben het feesten nodig.
Maar het feest sterft in oververzadiging
en in de zinloosheid
van "verplichte" geschenken.

23 Als ik mezelf vergeet, vergeet ik m'n
zorgen en als ik doorheen de zorgen
van een ander weer terugval op m'n
eigen zorgen, zijn die altijd veel
kleiner geworden.

24 Alle geweld weigeren
en over alle wegen waar mensen gaan
met zachte handen de wonden helen
en het woord "vrede" schrijven
over de aarde.

25

Kerstmis,
de stille doorbraak
van een intense liefde,
het warm worden
van onze koude planeet.

26

Een goed mens
is een ster
voor hen die het licht niet vinden.

27

Mensen geven elkaar namen
en er is een naam
die je liever is dan alle andere namen.
Je bent bij iemand thuisgekomen.

28

Waar mensen in vreugde
en vriendschap samenzijn
is samen eten en drinken
altijd een feest,
al is het nog zo sober.

DECEMBER

29 De "kultuur van het hart"
is een nieuwe kultuur,
die de mens van binnenuit verandert,
verfrist en vernieuwt.

30 Vergeet je leeftijd
en laat de vriendschap zijn
als goede wijn,
die met de jaren beter wordt.

31 Hou de jaren gevangen
in het net van je herinneringen
en vergeet vooral de mooie dagen niet,
want als je ze vergeet
komen ze nooit meer terug.

MENSLIEF IK HOU VAN JE

De teksten in 'Menslief ik hou van je' zijn vitaminen op papier, vitaminen voor het hart.
Je mag ze niet allemaal tegelijk innemen, dan verliezen ze hun smaak en bezorgen ze je een indigestie. Af en toe eentje schenkt je rust, maakt je blij.
Phil Bosmans beseft dat een paar mooie woorden een mens niet altijd kunnen helpen. Ze doen geen wonderen. Toch schrijft hij ze op.
'Een woord dat het hart raakt, verandert het hart. Als je moe bent en je weet niet van wat, kan een woord een gebeurtenis zijn, een stuk brood voor een nieuwe start, een ster die uit de hemel valt.'
(uit de inleiding van Phil Bosmans)

BLOEMEN VAN GELUK

Spreuken vormen een schat vol diepe levenswijsheid. In die wijsheid komen kennis en liefde samen.
'Bloemen van geluk' bundelt spreuken en teksten van Bond zonder Naam.
De spreuken van Bond zonder Naam zijn geen geleerde uitspraken van mensen met een academische graad. Ze zijn niet het resultaat van een team massapsychologen, niet het resultaat van verstandelijk overleg. Zij komen van mensen, die vertellen over hun diepste noden. Een spreuk is als een onverwachte bloem voor een eenzame wandelaar. Soms is ze als de bliksem, die je in een felle klaarte terechtwijst, dan weer als een zachte hand, die je in de bedding houdt.

IN LIEFDE WEER MENS WORDEN

'In liefde weer mens worden' is het boek waarin de filosofie en de basisgedachten van Bond zonder Naam het treffendst worden vertolkt.
Phil Bosmans heeft jaren geluisterd naar ongelukkige mensen, naar ontspoorde, gebroken en verschopte mensen, naar zieken, bejaarden en eenzamen.
Hij stelt in korte, eenvoudige woorden de diagnose van wat we nu onze 'beschavingsziekte' zijn gaan noemen:
'Ik hoor de roep om een nieuwe lente over de wereld, waar het te lang gevroren heeft tussen mensen en volkeren.'
Het gaat om de binnenkant van de mens.
Het menswoorden van de mens.

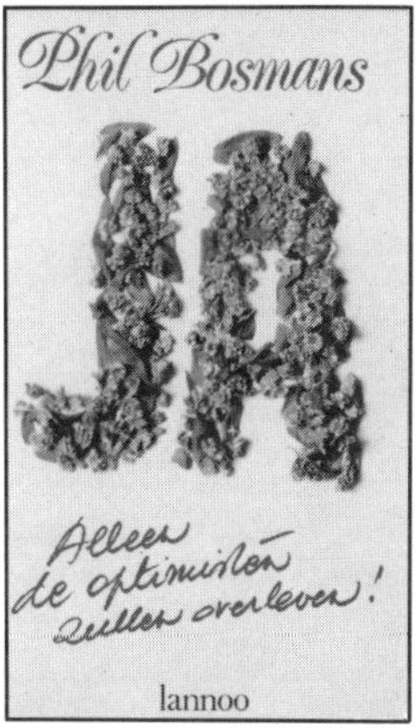

JA, ALLEEN DE OPTIMISTEN
ZULLEN OVERLEVEN

'Er is een grote droefheid gekomen over deze wereld, een bijna ongeneeslijke droefheid met machteloze en geestelijk uitgeputte mensen.
We moeten de mens en de wereld wijzen op die geweldige, maar totaal verwaarloosde en vergeten oer-energie, de liefde.'
In zijn zo helder en eenvoudig geformuleerde woorden brengt Phil Bosmans opnieuw zijn inspirerende boodschap: het kan nog anders!
De oorzaak van het uitzonderlijke succes van Bosmans ligt erin dat hij naast zijn pregnante diagnose van de ziekten van deze tijd ook een oplossing biedt. In zijn korte beschouwingen over het leven van alledag wordt het dan ook duidelijk dat het leven de moeite waard is.

NEEM JE TIJD

'Neem je tijd om gelukkig te zijn', dat is de boodschap van dit boek, verwoord in eenvoudige teksten, geïllustreerd met sprekende foto's.
Het zijn gedachten die sluimeren in het diepste innerlijk van zoveel mensen.
Eenvoudige waarheden, die diep in je hart als kleine sterren aanwezig zijn. Met deze teksten wil Phil Bosmans deze gedachten aan de oppervlakte brengen, en zachtjes blazen om het smeulende vuurtje van goedheid aan te wakkeren.
'We worden geprogrammeerd van de morgen tot de avond. Meer dan ooit moeten we voorrang geven aan het "leven" zelf en aan het gelukkig zijn op de meest eenvoudige wijze.'

GOD NIET TE GELOVEN

In dit boek vind je geen hoogwetenschappelijke beschouwingen over het Godsprobleem in deze tijd. Het is een poging om in een verstaanbare taal wat gedachten weer te geven in verband met een werkelijkheid, een voor deze wereld vreemd geworden werkelijkheid.
'Ik geloof in het goede ook al worden zoveel mensen door het kwade geteisterd. Ik geloof in de liefde ook al worden vijandschappen in stand gehouden en de haat gekultiveerd.
Ik geloof dat God het oerbeginsel is van het goede. God is niet de goede mens maar in elke goede mens komt hij naar ons toe. In alles wat leeft heeft God een spoor van zijn liefde achtergelaten.'

ZOMAAR VOOR JOU

Wat Phil Bosmans te vertellen heeft, is niet aan zijn schrijftafel bedacht. Het is het resultaat van een jarenlange inzet voor talrijke mensen in nood en aan de rand van de samenleving, voor ongelukkige, lijdende en vertwijfelde mensen.
In de boeken van Bosmans hebben velen gevonden wat mensen in 't leven zoeken: een beetje vreugde, een handvol geluk en een weg naar vrede en vriendschap. Heel dikwijls werd de wens uitgedrukt een bloemlezing te maken van de beste teksten.
'Zomaar voor jou. Vrede en alle goeds' is een verzameling woorden om mens te zijn waarmee Phil Bosmans de mens meer vreugde in het dagelijks leven wil bieden.

DAGBOEK 365

Dit 'Dagboek 365' draagt als motto: 'begin de maandagmorgen met je vrijdagavond-humeur'.
Een dagboek is immers méér dan een agenda met ruimte voor het noteren van afspraken, verjaardagen, herinneringen...
Het is tevens een boek dat je dagelijks ter hand neemt en dat telkens een uitnodiging is om even op adem te komen.
Per week biedt dit dagboek daarom een korte, inspirerende tekst van Phil Bosmans. Dit boek is een verzameling 'vitaminen voor het hart' die de mens meer vreugde in het leven bieden want, zo zegt Phil Bosmans, goede en gelukkige dagen komen altijd terug als je maar de sleutel op zak hebt.